11/68

Patrones en la naturaleza/Patterns in Nature

El día y la noche/
Day and Night

por/by Margaret Hall

Traducción/Translation: Dr. Martín Luis Guzmán Ferrer
Editor Consultor/Consulting Editor: Dra. Gail Saunders-Smith

Consultor en contenidos/Content Consultant:
Dr. Ronald Browne, Associate Professor of Elementary Education
Minnesota State University, Mankato, Minnesota

Capstone
press

Mankato, Minnesota

Pebble Plus is published by Capstone Press,
151 Good Counsel Drive, P.O. Box 669, Mankato, Minnesota 56002.
www.capstonepress.com

1 2 3 4 5 6 13 12 11 10 09 08

Library of Congress Cataloging-in-Publication Data
Hall, Margaret, 1947–
    [Day and night. Spanish & English]
    El día y la noche = Day and night / por Margaret Hall.
    p. cm. — (Pebble Plus. Patrones en la naturaleza = Pebble Plus. Patterns in nature)
    Includes index.
    ISBN-13: 978-1-4296-2370-4 (hardcover)
    ISBN-10: 1-4296-2370-5 (hardcover)
    1. Earth — Rotation — Juvenile literature. 2. Day — Juvenile literature. 3. Night — Juvenile literature.
4. Pattern perception — Juvenile literature. I. Title. II. Title: Day and night. III. Series.
QB633.H3518 2009
525'.35 — dc22   2008001215

Summary: Simple text and photographs introduce how day and night occur and why they are one of nature's
        patterns — in both English and Spanish.

Editorial Credits
Heather Adamson, editor; Katy Kudela, bilingual editor; Eida del Risco, Spanish copy editor; Kia Adams,
        designer; Renée Doyle, illustrator; Jo Miller, photo researcher; Scott Thoms, photo editor

Photo Credits
Corbis/Roger Ressmeyer, cover (moon); Roy Morsch, 14–15
Dwight R. Kuhn, 16–17
Getty Images Inc./The Image Bank/Romilly Lockyer, 18–19
PhotoEdit Inc./Myrleen Ferguson Cate, 13
Photos Researchers Inc./Adam Jones, 10–11
Shutterstock/Andrei Volkovets, 21 (day); Bobby Dailey, 21 (moon); Dmitry Brailovsky, cover (grass);
        Franzelin Fran-W., 21 (sunset); Keith Levit, 6–7; Nancy Tripp, 21 (sunrise); William Callis, 1;
        WizData Inc., backcover
SuperStock/age fotostock, 5

Note to Parents and Teachers

The Patrones en la naturaleza/Patterns in Nature set supports national science
standards related to earth and life science. This book describes and illustrates
day and night in both English and Spanish. The images support early readers in
understanding the text. The repetition of words and phrases helps early readers learn
new words. This book also introduces early readers to subject-specific vocabulary words,
which are defined in the Glossary section. Early readers may need assistance to read
some words and to use the Table of Contents, Glossary, Internet Sites, and Index sections
of the book.

Table of Contents

Day or Night?. 4

It's Day 10

It's Night 14

It's a Pattern 20

Glossary 22

Internet Sites. 24

Index 24

Tabla de contenidos

¿Es de día o de noche? 4

Es de día 10

Es de noche 14

Se forma un patrón. 20

Glosario 23

Sitios de Internet 24

Índice. 24

Day or Night?

Look outside. The sun

lights the sky. It is day.

But night is coming soon.

What makes day and night?

¿Es de día o de noche?

Mira hacia fuera. El Sol

ilumina el cielo. Es de día.

Pero la noche pronto empezará.

¿Por qué hay día y noche?

Earth spins, or rotates. A full spin takes 24 hours, or one whole day. Day changes to night and night to day as Earth spins.

La Tierra gira o rota. Un giro completo dura 24 horas, o sea, todo un día. El día se convierte en noche y la noche en día al girar la Tierra.

Part of Earth faces the sun.
That part has day. The other
side faces away from the sun.
It is night there.

Un lado de la Tierra mira
hacia el Sol. En ese lado es
de día. El otro lado no mira
hacia el Sol. Allí es de noche.

night/noche

day/día

It's Day

The sun shines highest in the sky at noon. Sunshine warms Earth during the day. Sunlight helps plants grow.

Es de día

El Sol brilla en lo más alto del cielo al mediodía. El Sol calienta la Tierra durante el día. La luz del sol ayuda a las plantas a crecer.

Earth keeps spinning. The part
of Earth that had day turns
away from the sun. The light
fades in the sky as the sun sets.

La Tierra gira continuamente.
El lado de la Tierra donde es
de día se aleja del Sol. La luz
se desvanece en el cielo durante
la puesta de sol.

It's Night

Now the sky is dark. The moon and stars glow. People turn on lights to help them see. Night is longest in the winter.

Es de noche

Ahora el cielo está oscuro. La Luna y las estrellas brillan. Las personas encienden la luz, pues las ayuda a ver. La noche es más larga en invierno.

Nocturnal animals hunt at night.

Owls can see mice in the dark.

Other animals sleep at night.

Los animales nocturnos cazan
por la noche. Las lechuzas
y los ratones pueden ver en
la oscuridad. Otros animales
duermen durante la noche.

You sleep at night too.

Most people do.

When day comes again,

it's time to wake up.

Tú también duermes por

la noche. La mayoría de

las personas así lo hacen.

Cuando el día vuelve, es

hora de levantarse.

It's a Pattern

Each day, the sun rises and
sets. Night turning to day
is a pattern. It happens
again and again.

Se forma un patrón

Cada día, el Sol sale y se
pone. La noche al convertirse
en día forma un patrón.
Se repite una y otra vez.

sunrise/
amanecer

day/día

sunset/puesta de sol

night/noche

Glossary

day — the time when your part of Earth faces the sun and the sky is light

Earth — the planet you live on

hunt — to look for food

night — the time when your part of Earth is turned away from the sun and the sky is dark

nocturnal — an animal that is active at night and rests during the day

pattern — something that happens again and again in the same order

rotate — to spin like a top; it takes 24 hours for Earth to spin completely around.

Glosario

cazar — buscar comida

el día — horas en que la parte de la Tierra donde vives mira hacia el Sol y el cielo tiene luz

la noche — horas en que la parte de la Tierra donde vives mira al lado contrario del Sol y el cielo está oscuro

nocturno — animal que está activo durante la noche y que descansa por el día

el patrón — algo que se repite una y otra vez en el mismo orden

rotar — girar como un trompo; la Tierra tarda 24 horas en dar una vuelta completa alrededor del Sol.

la Tierra — planeta donde vives

Internet Sites

FactHound offers a safe, fun way to find Internet sites related to this book. All of the sites on FactHound have been researched by our staff.

Here's how:

1. Visit *www.facthound.com*

2. Choose your grade level.

3. Type in this book ID **1429623705** for age-appropriate sites. You may also browse subjects by clicking on letters, or by clicking on pictures and words.

4. Click on the **Fetch It** button.

FactHound will fetch the best sites for you!

Index

animals, 16

Earth, 6, 8, 10, 12

moon, 14

nocturnal, 16

noon, 10

pattern, 20

plants, 10

rotate, 6

sky, 4, 10, 12, 14

sleeping, 16, 18

spinning, 6, 12

stars, 14

sun, 4, 8, 10, 12, 20

sunlight, 10

sunrise, 20

sunset, 12, 20

Sitios de Internet

FactHound te brinda una manera divertida y segura de encontrar sitios de Internet relacionados con este libro. Hemos investigado todos los sitios de FactHound. Es posible que algunos sitios no estén en español.

Se hace así:

1. Visita *www.facthound.com*

2. Elige tu grado escolar.

3. Introduce este código especial **1429623705** para ver sitios apropiados a tu edad, o usa una palabra relacionada con este libro para hacer una búsqueda general.

4. Haz un clic en el botón **Fetch It**.

¡FactHound buscará los mejores sitios para ti!

Índice

amanecer, 20

animales, 16

cielo, 4, 10, 12, 14

dormir, 16, 18

estrellas, 14

girar, 6, 12

Luna, 14

luz del sol, 10

mediodía, 10

nocturno, 16

patrón, 20

plantas, 10

puesta de sol, 12, 20

rotar, 6

Sol, 4, 8, 10, 12, 20

Tierra, 6, 8, 10, 12